Meine netten Kleinigkeiten

Tina Spitzley

Meine netten Kleinigkeiten

Bibliografische Information der Deutschen Nationalbibliothek
Die Deutsche Nationalbibliothek verzeichnet diese Publikation
in der Deutschen Nationalbibliografie; detaillierte bibliografische
Daten sind im Internet über http://dnb.d-nb.de abrufbar.

Die Inhalte dieses Buches sind von der Autorin und dem Verlag sorgfältig geprüft worden, dennoch kann eine Garantie nicht übernommen werden. Eine Haftung von Autorin und Verlag für Personen-, Sach- und Vermögensschäden ist ausgeschlossen.

© 2015 Tina Spitzley
Umschlagdesign, Satz, Herstellung und Verlag:
BoD – Books on Demand
ISBN 978-3-7392-5776-1

Vorwort

Essen kann so viel mehr sein als bloße Nahrungsaufnahme oder Gesundheitspflege; es kann mit ein bisschen Achtsamkeit jeden Tag ein kleines Fest der Sinne sein, jede Mahlzeit ein Highlight, das den Tag bereichert und so richtig gute Laune macht. Deshalb gibt es in meinem Buch nicht nur kulinarische Rezepte, sondern auch Tipps, wie man den Genuss beim Essen steigern kann, denn richtig essen heißt genussvoll essen. Und auch wenn man nicht so sozialisiert wurde wie z. B. Franzosen, Italiener oder Japaner, kann man sich bestimmte Verhaltensweisen ganz banal einfach antrainieren, z. B. mit Hilfe eines Genuss- oder Achtsamkeitstrainings.
Nun zu meinen kulinarischen Rezepten. Sie sind alle vegetarisch, zum Teil auch vegan (und damit klimafreundlich). Nicht weil ich meine, dass jeder Vegetarier werden sollte (ich selbst bin auch keine; ich bin so etwas wie Flexitarierin), sondern weil ich selbst ein absoluter Obst- und Gemüsefan bin und im Rahmen meiner Möglichkeiten auf die Köstlichkeiten einer vegetarischen Küche aufmerksam machen möchte.
Mein Buch verstehe ich übrigens als Ideengeber und natürlich muss keines meiner Rezepte Punkt für Punkt nachgekocht werden. Halten Sie es einfach, wie es Ihnen entspricht. Wenn Sie gerne genau nach Rezept arbeiten möchten, machen Sie das einfach (sofern dies möglich ist). Möchten Sie selbst ein wenig experimentieren. Wunderbar.
Ich wünsche Ihnen viel Spaß beim Schmökern und Ausprobieren und hoffe, Sie mit meinem Buch ein wenig inspirieren zu können.

Herzlichst,
Tina Spitzley

Für meine Eltern

Inhaltsverzeichnis

1. Vorwort 5
2. Meine Favoriten zum Aufpeppen von Gerichten 9
3. Anmerkungen zu den verschiedenen Zutaten und
   Verfahrensweisen 11
4. Vorspeisen, Beilagen, Smoothies 13
5. Eintöpfe und Suppen 33
6. Pasta 59
7. Reisgerichte 77
8. Salate 83
9. Desserts 95
10. Saucen und Schnelldesserts 103
11. Gute Gründe fürs Genießen 109
12. Die 7 Genussregeln 110
13. Es geht noch einfacher 113
14. Meine Lieblingsschokosongs 114
15. Bücher, die dabei helfen, das Wohlbefinden,
    die Gesundheit und das Genießen zu mehren 114
16. Alphabetisches Rezeptregister 115

Meine Favoriten zum Aufpeppen von Gerichten

1. Vanille- oder Himbeerjoghurt (auch für herzhafte Suppen und Salate)
2. entkernte Kalamonoliven
3. getrocknete Tomaten
4. getrocknete Steinpilze
5. Rosmarinzweige zum Aromatisieren
6. Thymian zum Aromatisieren
7. Sternanis zum Aromatisieren
8. geröstete Mandeln (gekauft)
9. Sojasauce
10. Kokoschips (auch zum Dekorieren)
11. Bitterorangenaufstrich zum Verfeinern von süßen und auch herzhaften Suppen und Saucen
12. Matcha zum Verfeinern von Saucen, Desserts, Sojadrinks, Smoothies und Suppen
13. Kardamom
14. Zimt
15. Meerrettichpaste Wasabiart
16. Mangofruchtsauce
17. frische Minze (z. B. für Obstsalat)

Anmerkungen zu den verschiedenen Zutaten und Verfahrensweisen

Ich vermute mal, dass Sie nicht alles im Haus haben, was ich in meinen Rezepten angebe. Mir geht es zumindest so, wenn ich in den Kochbüchern anderer schmökere. Irgendetwas ist immer nicht da und gibt es auch nicht im Supermarkt um die Ecke. Das ist aber auch nicht schlimm. Vieles kann man durch andere Produkte ersetzen, z. B. Meerrettichpaste Wasabiart durch scharfen Senf oder Bitterorangenaufstrich durch Aprikosenaufstrich. Aber vielleicht fällt Ihnen ja auch noch etwas Besseres ein.
Bei einigen Zutaten mache ich überhaupt keine Mengenangaben, weil ich sie einfach nach Gefühl verwende. Salz und Pfeffer nutze ich jeweils nur sparsam und beispielsweise Kräuter der Provence so, wie es mir jeweils richtig erscheint.
Produkte wie z.B. RiceCuisine oder Sojacreme fallen geschmacklich sehr unterschiedlich aus und es ist möglich, dass man verschiedene Marken ausprobieren muss, bevor man das Richtige für sich findet.
Übrigens, falls Sie, was bestimmte Verfahrensweisen angeht, z. B. beim Gemüseputzen, mal Videos gucken möchten, da kann ich das Internet empfehlen, beispielsweise www.eatsmarter.de.

Vorspeisen, Beilagen, Smoothies

Wurzelpetersilienpüree mit Orangennote

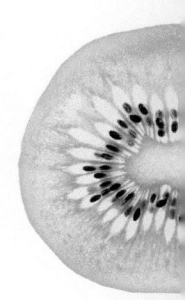

Zutaten:

1. etwa 250 g gewaschene, geschälte, klein geschnittene und etwa 10 Minuten gegarte Wurzelpetersilie
2. etwa 70 ml RiceCuisine
3. ein halber TL Bitterorangenaufstrich
4. etwas frischer, geschälter und gehackter Ingwer
5. Salz
6. Pfeffer
7. Oregano
8. Muskatnuss

Zubereitung:

Alle Zutaten miteinander vermischen, mit dem Stabmixer pürieren und, falls erforderlich, noch mal kurz erwärmen.

Chicoréecreme mit Mangonote (vegan)

Zutaten:

1. etwa 250 g gewaschener, geputzter und klein geschnittener Chicorée
2. cremige Mangosauce
    - 2.1. etwa 4 EL RiceCuisine
    - 2.2. etwa anderthalb EL Mangofruchtsauce
    - 2.3. ein viertel TL Meerrettichpaste Wasabia-t
    - 2.4. 1 EL Olivenöl
    - 2.5. Salz
    - 2.6. Pfeffer
    - 2.7. Kräuter der Provence
    - 2.8. etwas Muskatnuss
3. frischer, abgespülter und klein geschnittener Dill zum Bestreuen

---

Zubereitung:

1. Sauce anrühren und zusammen mit dem Chicorée pürieren.
2. Die fertige Creme mit Dill bestreuen.

Zucchini-Chicoréecreme (vegan)

Zutaten:

1. etwa 100 g gewaschene, geputzte und klein geschnittene Zucchini
2. etwa 100 g gewaschener, geputzter und klein geschnittener Chicorée
3. Creme
    - 3.1. 4 EL Sojacreme Cuisine
    - 3.2. anderthalb EL Olivenöl
    - 3.3. 1 EL Mangofruchtsauce
    - 3.4. 2 TL Sojasauce
    - 3.5. ein viertel TL Meerrettichpaste Wasabiart
    - 3.6. Salz
    - 3.7. Pfeffer
    - 3.8. Liebstöckel
    - 3.9. Muskatnuss

Zubereitung:

Creme anrühren und mit Zucchini und Chicorée zusammen pürieren.

Zucchinicreme mit Rucola (vegan)

Zutaten:
1. etwa 200 g gewaschene, geputzte und klein geschnittene Zucchini
2. etwa 20 g gewaschener Rucola
3. 6 RiceCuisine
4. 1 EL Olivenöl
5. 2 TL Ahornsirup
6. 2 TL Bitterorangenaufstrich
7. Salz
8. Pfeffer
9. Oregano
10. Muskatnuss

Zubereitung:
Alle Zutaten miteinander vermischen und pürieren.

Räuchertofurührei mit Erbsen

Zutaten:

1. etwa 100 g zerbröselter Räuchertofu
2. zweieinhalb EL TK-Erbsen
3. etwas frischer, geschälter und gehackter Ingwer
4. Margarine
5. Salz
6. Pfeffer
7. Kräuter der Provence
8. 1 TL Tomatenmark
9. 1 EL Olivenöl
10. frischer, gewaschener und klein geschnittener Dill

Zubereitung:

1. Räuchertofu zusammen mit den Erbsen, dem Ingwer und den anderen Gewürzen in der Margarine ein paar Minuten braten.
2. Zum Schluss Tomatenmark, Olivenöl und Dill dazugeben.

Kartoffelchicoréepüree (vegan) für 2 Personen

Basiszutaten:

1. 1 Beutel Kartoffelpüreepulver für 2 Personen
2. ein halber Liter Sojadrink natur
3. frischer, gewaschener und klein geschnittener Dill

Chicoréecreme:

1. etwa 300 g gewaschener und klein geschnittener Chicorée
2. 4 EL RiceCuisine
3. 2 EL Olivenöl
4. 2 gehäufte TL Bitterorangenaufstrich
5. Salz
6. Oregano
7. Muskatnuss

Zubereitung:

1. Zutaten für die Chicoréecreme in ein geeignetes Püriergefäß geben, mit einem Stabmixer pürieren und beiseitestellen.
2. Kartoffelpüree nach Packungsanweisung zubereiten, allerdings mit Sojadrink statt mit Milch.
3. Chicoréecreme und Dill vorsichtig in das Püree einrühren.
   P. S. Wenn Sie das Kartoffelchicoréepüree warm genießen wollen, am besten gleich servieren, sobald es fertig ist. Es kühlt nämlich sehr schnell ab.

Chicorée in Erdbeer sternanissauce (vegan)

Basiszutaten:
1. etwa 200 g gewaschener, geputzter und klein geschnittener Chicorée
2. etwas Kokosöl
3. Salz
4. frischer, geschälter und gehackter Ingwer
5. zum Schluss ein Zacken Sternanis zum Aromatisieren

Sauce:
1. etwa 60 ml Hafercuisine
2. ein fünftel TL Meerrettichpaste Wasabiart
3. 1 TL Erdbeeraufstrich
4. Salz
5. Pfeffer
6. Kräuter der Provence

Zubereitung:
1. Sauce anrühren und beiseitestellen.
2. Chicorée und Ingwer in dem gesalzenen Kokosöl ein paar Minuten braten.
3. Sauce und Sternanis hinzufügen und alles zusammen etwa 3 Minuten garen.
4. Sternanis wieder herausnehmen.

Gebratener Romanasalat mit Birnenspalten

Zutaten:
1. 300 g gewaschener und klein geschnittener Romanasalat
2. 1 mittelgroße, mittelreife, gewaschene, geschälte, entkernte und klein geschnittene Birne
3. 4 getrocknete und klein geschnittene Tomaten
4. etwas Margarine
5. 2 EL Olivenöl
6. 1 EL Ahornsirup
7. Salz
8. Pfeffer
9. Kräuter der Provence

Zubereitung:
1. Etwas Margarine erwärmen und würzen.
2. Romanasalat, Birnenspalten und Tomaten dazugeben, etwa 2 Minuten braten lassen und dann den Ahornsirup und das Olivenöl hinzufügen.

Gebratene Aubergine mit Tomatenmark und Olivenöl

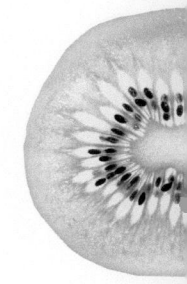

Zutaten:

1. etwa 250 g Aubergine
2. etwas Margarine
3. frischer, geschälter und gehackter Ingwer
4. Salz
5. Pfeffer
6. Kräuter der Provence
7. Muskatnuss
8. Oregano
9. etwa 30 g Tomatenmark
10. 1 EL Olivenöl

Zubereitung:

1. Aubergine waschen, putzen, entkernen, in kleine Stücke schneiden, salzen und etwa 20 Minuten ziehen lassen.
2. Tomatenmark mit dem Olivenöl verrühren und beiseitestellen.
3. Margarine mit dem Ingwer und den anderen Gewürzen erhitzen (Oregano erst am Ende der Garzeit hinzufügen) und dann die Auberginenstückchen goldbraun braten.
4. Die Tomatenmarkolivenölmischung hinzufügen und alles zusammen noch mal 1-2 Minuten garen lassen.

Tofurührei mit Tomate für 2 Personen

Zutaten:

1. 200 g Tofu
2. 1 mittelgroße Scheibe Roggenmischbrot
3. etwa 200 ml Wasser
4. 2 TL scharfer Senf
5. 2 TL Sojasauce
6. Salz
7. Pfeffer
8. Kräuter der Provence
9. 2 Kirschtomaten
10. Margarine

Zubereitung:

1. Brot in dem Wasser eine Weile einweichen und dann auswringen, Wasser wegschütten.
2. Tofu zerbröseln und untermischen, Tomaten halbieren und das Ganze würzen.
3. Alles zusammen in der Margarine gut durchbraten und immer wieder umrühren.

Zucchinipilzpfanne

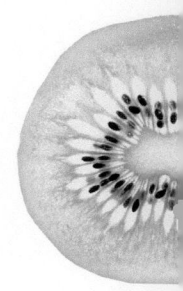

Basiszutaten:

1. 1 kleiner gelber Zucchino
2. 1 kleiner grüner Zucchino
3. etwa 15 g getrocknete Steinpilze
4. etwa 200 ml heißes Wasser
5. etwas Margarine
6. Salz
7. Pfeffer
8. Kräuter der Provence

Sauce:

1. etwa 80 ml RiceCuisine
2. anderthalb EL Olivenöl
3. etwa 20 ml Steinpilzeinweichwasser
4. 1 gehäufter TL Bitterorangenaufstrich
5. ein halber TL Meerrettichpaste Wasabiart
6. Salz
7. Oregano
8. Muskatnuss

Zubereitung:

1. Steinpilze, falls erforderlich, abwaschen und für etwa 1 Stunde in das heiße Wasser geben. Anschließend das Steinpilzwasser filtern, um unerwünschte Schmutzpartikel zu entfernen. (Auf einigen Steinpilz-

verpackungen steht, wie man die Pilze behandeln sollte. Falls also die Angaben von meinen abweichen, können Sie sich auch danach richten.)
2. Sauce anrühren und beiseitestellen.
3. Zucchini waschen, putzen, klein schneiden und beiseitestellen.
4. Steinpilze anbraten und nach ein paar Minuten die Zucchini dazugeben und alles zusammen noch mal etwa 4 Minuten braten.
5. Sauce dazugeben und alles etwa 1 Minute garen lassen.

Erdbeermatchasmoothie (vegan) für 2-3 Personen

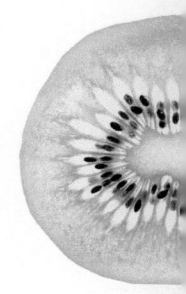

Zutaten:

1. 300 g TK-Erdbeeren
2. etwa 250 ml Sojadrink Vanille
3. etwa 330 ml Kokoswasser
4. 3 gehäufte TL Matcha
5. 4-5 gehäufte TL Erdbeeraufstrich

Zubereitung:

Die Erdbeeren etwas antauen lassen und dann alle Zutaten z. B. mit einem Stabmixer zu einem Smoothie pürieren.

Smoothie mit Feldsalat, Banane und Matcha (vegan) für 2 Personen

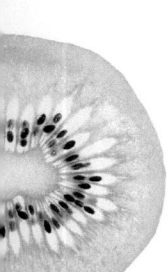

Zutaten:

1. 100 g gewaschener und verzehrfertiger Feldsalat
2. 1 mittelgroße, geschälte und klein geschnittene Banane
3. 2 geschälte und klein geschnittene Kiwis
4. etwa 400 ml Sojadrink
5. 2 TL Matcha
6. 4 TL Holunderblütensirup

Zubereitung:

Alle Zutaten in ein geeignetes Gefäß geben und zu einem Smoothie pürieren.

Smoothie mit Grapefruitsaft und Feldsalat (vegan) für 2 Personen

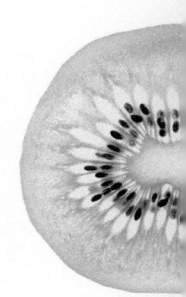

Zutaten:

1. 100 g gewaschener und verzehrfertiger Feldsalat
2. 2 mittelgroße, geschälte und klein geschnittene Bananen
3. 300 ml Biograpefruitdirektsaft aus der Flasche

Zubereitung:

Alle Zutaten in einem geeigneten Gefäß zu einem Smoothie pürieren.
P. S. Dieser Smoothie ist ein richtiger Gute-Laune-Macher, denn er hat viel Vitamin C, Magnesium und Chlorophyll.

Erdbeersmoothie (vegan) für 2 Personen

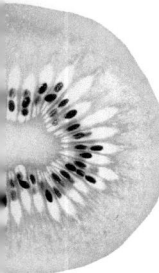

Zutaten:

1. 250 g TK-Erdbeeren
2. 250 ml Sojadrink Vanille
3. etwa 200 ml Sojadrink Natur
4. 2 TL Erdbeeraufstrich
5. etwas Kardamom

Zubereitung:

Erdbeeren etwas antauen lassen und alle Zutaten zu einem Smoothie pürieren.

P. S. Schmeckt wie flüssiges Erdbeereis und dürfte somit absolut kindertauglich sein. Ist außerdem eine Vitamin-C-Bombe.

Erdbeerkokossmoothie mit frischer Minze (vegan) für 2-3 Personen

Zutaten:

1. 300 g TK-Erdbeeren
2. etwa 600 ml Kokoswasser
3. etwa 6 mittelgroße Blätter frische abgespülte Minze

Zubereitung:

Alle Zutaten z. B. mit einem Stabmixer zu einem Smoothie pürieren.
P. S. Dieser Smoothie ist nicht nur lecker und vitalstoffreich, sondern er hat auch wenig Kalorien. Nach meinen Berechnungen insgesamt etwa 210 und pro Portion etwa 70.

Eintöpfe und Suppen

Cremiger Kürbismöhreneintopf für 3-4 Personen

Basiszutaten

1. anderthalb Kilo Hokkaidokürbis
2. 3 mittelgroße Möhren
3. etwas frischer geschälter und gehackter Ingwer
4. Margarine
5. 1 TL Ghee
6. Salz
7. Pfeffer
8. Kräuter der Provence
9. etwa 700 ml Wasser

Eintopfsauce

1. Salz
2. Pfeffer
3. Kräuter der Provence
4. Oregano
5. Kardamom
6. Meerrettichpaste Wasabiart
7. etwa 80 g Mangobananenpassionsfruchtmus
8. 3 EL RiceCuisine
9. 3 EL Olivenöl

Zubereitung:

1. Hokkaido waschen, putzen, halbieren und die Kerne und alles Faserige z. B. mit einem Esslöffel herausholen.
2. Die Kürbishälften in kleine Stücke schneiden.
3. Möhren waschen, schälen und in Scheiben schneiden und zusammen mit den Kürbisstücken in Ghee, Margarine und Gewürzen ein paar Minuten braten.
4. Wasser hinzufügen und alles zusammen etwa 10 Minuten kochen.
5. Dann die Sauce dazutun und alles noch mal ein paar Minuten garen.

Kürbismöhreneintopf mit Kokoswasser und frischem Dill
für 3-4 Personen

Zutaten:

1. etwa anderthalb Kilo Hokkaidokürbis
2. 3 mittelgroße Möhren
3. frischer, geschälter und gehackter Ingwer
4. Margarine
5. Ghee
6. 3 EL Olivenöl
7. Salz
8. Pfeffer
9. Kräuter der Provence
10. frischer Dill
11. 300 ml Kokoswasser natur
12. 300 ml Kokoswasser Mango

Zubereitung:

1. Kürbis waschen, putzen, halbieren und die Kerne und alles Faserige z. B. mit einem Esslöffel entfernen.
2. Die Kürbishälften in kleine Stücke schneiden.

3. Möhren waschen, schälen und in Scheiben schneiden.
4. Kürbis- und Möhrenstücke zusammen mit den Gewürzen in Ghee und Margarine ein paar Minuten anbraten.
5. Kokoswasser hinzufügen und alles zusammen etwa 10 Minuten garen lassen.
6. Zum Schluss den Dill und das Olivenöl hinzufügen.

Wurzelpetersilientomateneintopf für 2 Personen

Basiszutaten

1. etwa 400 g Wurzelpetersilie
2. etwa 80 g Cocktailtomaten
3. 6-7 getrocknete Cocktailtomaten
4. etwa 100 g Möhren
5. etwas frischer geschälter und gehackter Ingwer
6. Salz
7. Pfeffer
8. Kräuter der Provence
9. Margarine
10. Ghee
11. etwa 100 ml Wasser

Eintopfsauce

1. etwa 80 ml RiceCuisine
2. anderthalb EL Olivenöl
3. etwa 80 g Tomatenmark
4. 1 TL Himbeersirup
5. Salz
6. Pfeffer
7. Kräuter der Provence

Zubereitung:

1. Wurzelpetersilie und Möhren waschen, schälen und klein schneiden.
2. Tomaten waschen und halbieren.
3. Die Möhren zusammen mit den Gewürzen in Ghee und Margarine anbraten und nach ein paar Minuten die Tomaten, die Wurzelpetersilie und etwa 100 ml Wasser hinzufügen.
4. Alles zusammen etwa 10 Minuten garen.
5. Dann die Eintopfsauce dazugeben und alles noch mal ungefähr 2 Minuten garen lassen.

Spinatsuppe mit Matcha

Basiszutaten:

1. etwa 300 g TK-Rahmspinat
2. etwa 80 ml Wasser

Suppensauce:

1. etwa 80 ml Cuisine Amande
2. 1 gehäufter TL Matcha
3. 1 EL Himbeersirup
4. ein halber EL Zitronensaft
5. 1 EL Olivenöl
6. frischer geschälter und gehackter Ingwer
7. Salz
8. Pfeffer
9. Kräuter der Provence
10. Muskatnuss

und ganz zum Schluss frischer Dill

Zubereitung:

1. Sauce anrühren und beiseitestellen.
2. Rahmspinat und das Wasser in einem Topf erwärmen, bis der Spinat aufgetaut ist.
3. Sauce hinzufügen und alles zusammen ein paar Minuten garen lassen.
4. Zum Schluss die Suppe mit frischem Dill bestreuen.

Wurzelpetersiliensuppe mit Vanillenote für 2 Personen

Basiszutaten

1. 400 g Wurzelpetersilie
2. 2 mittelgroße Möhren
3. etwas frischer geschälter und gehackter Ingwer
4. Salz
5. Margarine
6. Ghee
7. etwa 200 ml Wasser

Suppensauce

1. 1 Becher milder Vanillejoghurt
2. 4 TL RiceCuisine
3. 1 EL Olivenöl
4. Salz
5. Pfeffer
6. Kräuter der Provence
7. Muskatnuss

Zubereitung:

1. Sauce anrühren und beiseitestellen.

2. Wurzelpetersilie und Möhren waschen, schälen und klein schneiden und zusammen mit der Margarine, dem Ghee, dem Ingwer und dem Salz anbraten.
3. Nach ein paar Minuten das Wasser hinzufügen und alles zusammen etwa 10 Minuten kochen.
4. Sauce dazugeben und alles noch mal 2-3 Minuten garen.

Zucchinikokossuppe mit Möhren und Sternanis für 2-3 Personen

Zutaten:

1. etwa 600 g gewaschene, geputzte und klein geschnittene Zucchini
2. 2 mittelgroße gewaschene, geschälte und klein geschnittene Möhren
3. etwas frischer geschälter und gehackter Ingwer
4. Margarine
5. Ghee
6. Salz
7. Pfeffer
8. Kräuter der Provence
9. Kardamom
10. 1 Würfel Gemüsebrühe
11. etwa 400 ml Wasser
12. 200 ml Kokosmilch
13. 2 Zacken Sternanis
14. 2 EL Olivenöl

Zubereitung:

1. Möhren zusammen mit der Margarine, dem Ghee und den Gewürzen (außer Sternanis) einige Minuten braten.

2. Das Wasser, den Gemüsebrühewürfel, die Kokosmilch und die Zucchini hinzufügen und alles zusammen etwa 7 Minuten garen.
3. Sternanis hinzufügen und bis zum Ende der Garzeit (vielleicht noch mal 3 Minuten) mitkochen lassen und dann wieder herausnehmen.
4. Zum Schluss das Olivenöl dazugeben.

Möhrenerdbeersuppe

Basiszutaten:

1. etwa 250 g gewaschene, geschälte und klein geschnittene Möhren
2. etwa 100 g TK-Erdbeeren
3. etwas frischer geschälter und gehackter Ingwer
4. 4 getrocknete Tomaten
5. Margarine
6. Salz
7. Kräuter der Provence
8. Olivenöl

Suppensauce:

1. etwa 100 ml KokosCuisine
2. ein dreiviertel TL Meerrettichpaste Wasabiart
3. 1 TL Erdbeeraufstrich
4. Salz
5. Pfeffer
6. Kräuter der Provence
7. Muskatnuss
8. etwas Wasser

Zubereitung:

1. Möhren zusammen mit der Margarine, den Gewürzen und den getrockneten Tomaten ein paar Minuten anbraten.
2. Suppensauce anrühren und mit etwas Wasser zu den Möhren geben.

3. Alles zusammen etwa 10 Minuten garen lassen.
4. Die angetauten TK-Erdbeeren hinzufügen und die Suppe vielleicht noch mal 2 Minuten kochen lassen.
5. Am Ende der Garzeit 1 EL Olivenöl hineintun.

Möhrenolivensuppe

Basiszutaten

1. etwa 300 g geschälte, gewaschene und klein geschnittene Möhren
2. 10 entsteinte Kalamonoliven
3. etwas frischer geschälter und gehackter Ingwer
4. Margarine
5. Ghee
6. Salz
7. Olivenöl

Suppensauce

1. 110 ml RiceCuisine
2. etwa 20 ml Wasser
3. 1 gehäufter TL Bitterorangenaufstrich
4. ein halber TL Meerrettichpaste Wasabiart
5. Salz
6. Pfeffer
7. Liebstöckel

Zubereitung:

1. Die Möhren zusammen mit dem Ingwer und den Kalamonoliven in der Margarine, dem Ghee und dem Salz ein paar Minuten anbraten.
2. Die Sauce anrühren und dazugeben.
3. Alles zusammen etwa 12 Minuten garen.
4. Zum Schluss das Olivenöl hinzufügen.

Pastinakensuppe mit Pflaumenjoghurt für 2 Personen

Zutaten:

1. etwa 500 g gewaschene, geschälte und klein geschnittene Pastinaken
2. eine mittelgroße gewaschene, geschälte und klein geschnittene Mohrrübe
3. etwas frischer, geschälter und gehackter Ingwer
4. etwas Margarine
5. etwas Ghee
6. etwas Salz
7. Kräuter der Provence
8. 1 Gemüsebrühewürfel
9. ein halber Liter Wasser
10. ein milder Pflaumenjoghurt
11. etwa 30 ml Cuisine Amande
12. 1 TL Bitterorangenaufstrich
13. 2 Zacken Sternanis
14. 1 EL Olivenöl

Zubereitung:

1. Das Gemüse zusammen mit dem Ingwer, dem Salz und den Kräutern der Provence in der Margarine und dem Ghee ein paar Minuten braten.

2. Wasser, den Gemüsebrühewürfel, den Pflaumenjoghurt, Cuisine Amande und Bitterorangenaufstrich hinzufügen und alles zusammen etwa 12 Minuten garen lassen.
3. Dann Sternanis dazutun und alles noch mal 2-3 Minuten garen.
4. Jetzt die Sternaniszacken wieder herausholen und das Olivenöl hineingeben.

Möhren-und Erbsensuppe für 2 Personen

Basiszutaten:

1. etwa 300 g gewaschene, geschälte und klein geschnittene Möhren
2. 4 EL TK-Erbsen
3. Margarine mit Butter
4. Ghee
5. etwas frischer, geschälter und gehackter Ingwer
6. Salz
7. Pfeffer
8. Kräuter der Provence
9. 1 EL getrocknete Nanaminzeblätter
10. etwa 150 ml Wasser
11. etwas frische Petersilie

Suppensauce:

1. etwa 4 EL Sojacreme Cuisine
2. 2 EL Olivenöl
3. 1 EL Mangofruchtsauce
4. Salz
5. Currypulver (englisch)

Zubereitung:

1. Möhren zusammen mit dem Ingwer, dem Salz, dem Pfeffer und den Kräutern der Provence in der Margarine und dem Ghee ein paar Minuten braten.
2. Die Stängel aus den Nanaminzeblättern herausnehmen und die Blätter zusammen mit dem Wasser zu den Möhren geben.
3. Alles etwa 15 Minuten kochen und dann TK-Erbsen dazugeben.
4. Suppensauce anrühren und zusammen mit der gewaschenen und zerkleinerten Petersilie zum Schluss hinzufügen.

Möhrenwurzelpetersiliensuppe mit Orangensaft und Sternanis
für 2 Personen

Zutaten:

1. etwa 300 g gewaschene, geschälte und klein geschnittene Möhren
2. etwa 250 g gewaschene, geschälte und klein geschnittene Wurzelpetersilie
3. Saft einer frisch gepressten Orange
4. frischer, geschälter und gehackter Ingwer
5. Margarine
6. Ghee
7. Salz
8. Pfeffer
9. Kräuter der Provence
10. 2 Zacken Sternanis zum Aromatisieren
11. etwa 200 ml Wasser
12. etwa 100 ml HaferCuisine
13. ein halber Gemüsebrühewürfel
14. 2 EL Olivenöl (zum Schluss)
15. 1 TL Bitterorangenaufstrich

Zubereitung:

1. Möhren und Wurzelpetersilie zusammen mit Ingwer und Salz, Pfeffer und Kräutern der Provence in der Margarine und dem Ghee 2-3 Minuten anbraten.
2. Wasser, Gemüsebrühewürfel, Hafer Cuisine und Bitterorangenaufstrich dazugeben und etwa 9 Minuten garen.
3. Orangensaft und Sternanis hinzufügen und alles zusammen vielleicht noch mal 3 Minuten auf dem Herd lassen.
4. Zum Schluss das Olivenöl hineintun und Sternanis wieder herausnehmen.

Möhrenzwiebelsuppe für 2 Personen

Basiszutaten:

1. 6 mittelgroße, gewaschene, geschälte und klein geschnittene Möhren
2. 2 mittelgroße geschälte und klein geschnittene Gemüsezwiebeln
3. 6 klein geschnittene getrocknete Tomaten
4. etwas frischer, geschälter und gehackter Ingwer
5. Margarine
6. Ghee
7. ein halber Gemüsebrühewürfel
8. etwa 300 ml Wasser
9. Salz
10. 1 Zacken Sternanis zum Aromatisieren

Suppensauce:

1. etwa 60 ml Cuisine Amande
2. 2 EL Olivenöl
3. 1 TL Meerrettichpaste Wasabiart
4. Salz
5. Currypulver (englisch)
6. 1 gehäufter TL Bitterorangenaufstrich
7. Kardamom

Zubereitung:

1. Möhren, Zwiebeln, Tomaten und Ingwer in der gesalzenen Margarine und dem Ghee ein paar Minuten braten.
2. Wasser und Gemüsebrühewürfel hinzufügen und die Suppe etwa 8 Minuten garen.
3. Sternanis dazugeben und nach etwa 3 Minuten die Suppensauce hineintun und alles zusammen noch etwa 1 Minute auf dem Herd lassen.
4. Sternanis wieder herausnehmen.

Gurkenkartoffelsuppe (vegan) für 2 Personen

Gurkensuppe:

1. 1 mittelgroße, gewaschene, geputzte und klein geschnittene Salatgurke
2. 4 EL Rice Cuisine
3. 2 EL Olivenöl
4. 2 TL Himbeeraufstrich
5. 300 ml Orangendirektsaft
6. ein halber TL scharfer Senf
7. Salz
8. Pfeffer
9. Kräuter der Provence
10. Liebstöckel

Kartoffelpüree:

1. Kartoffelpüreepulver für 2 Personen
2. etwa 250 ml Wasser
3. etwa 300 ml Sojadrink

Zubereitung:

1. Salatgurke mit etwas Rice Cuisine pürieren, dann die weiteren Zutaten einrühren und das Ganze beiseitestellen.
2. Kartoffelpüree nach Packungsanweisung zubereiten, allerdings mit etwa 300 ml Sojadrink statt der angegebenen Menge Milch.
3. Jetzt die Gurkensuppe mit dem Kartoffelpüree vermischen und kurz erhitzen.

Pasta

Penne mit gelben Zucchini in Limettenmatchasauce (vegan)

Basiszutaten

1. etwa 125 g Pennenudeln
2. etwa 100 g gelbe Zucchini
3. etwa 3 EL Traubenkernöl
4. etwas frischer geschälter und gehackter Ingwer
5. Salz
6. Pfeffer
7. Kräuter der Provence

Sauce

1. 4 EL Rice Cuisine
2. 2 EL Olivenöl
3. 1 EL Limettensirup
4. 1 EL frischer Limettensaft
5. ein halber TL Matcha
6. Salz
7. Pfeffer
8. Kräuter der Provence
9. Muskatnuss

Zubereitung:

1. Sauce anrühren.
2. Nudeln nach Packungsanweisung kochen und währenddessen die Zucchini waschen, putzen und in Halbmonde schneiden und zusammen mit den Gewürzen ein paar Minuten braten.
3. Sobald die Nudeln fertig sind, alles miteinander vermischen und noch mal kurz erwärmen, damit die Sauce schön einziehen kann.

Penne mit getrockneten Steinpilzen und Tomaten in Tomatensteinpilzsauce

Basiszutaten

1. etwa 125 g Pennenudeln
2. etwa 10 g getrocknete Steinpilze
3. etwas frischer geschälter und gehackter Ingwer
4. 5 getrocknete Cocktailtomaten
5. 6 frische Romatomaten
6. Salz
7. Pfeffer
8. Kräuter der Provence
9. Margarine

Sauce

1. etwa 60 g Tomatenmark
2. 2 EL Olivenöl
3. etwa 30 ml Steinpilzwasser
4. Kräuter der Provence

Zubereitung:

1. Steinpilze abspülen, etwa 1 Stunde in heißem Wasser einweichen und das Wasser anschließend filtern und aufbewahren.

2. Sauce anrühren und beiseitestellen.
3. Nudeln nach Packungsanweisung kochen.
4. Die getrockneten Steinpilze zusammen mit den gewaschenen Tomaten und den Gewürzen braten.
5. Sobald die Nudeln fertig sind, alles zusammen miteinander vermischen und noch mal kurz erwärmen, dann kann die Sauce besser einziehen.

Penne mit Zucchini und Spargelspitzen

Basiszutaten

1. etwa 125 g Pennenudeln
2. 1 mittelgroßer Zucchino
3. etwa 125 g Spargelspitzen aus dem Glas
4. Margarine
5. frischer geschälter und gehackter Ingwer
6. Salz
7. Kräuter der Provence
8. 7 getrocknete Tomaten

Sauce

1. etwa 100 ml Cuisine Amande
2. 2 EL Olivenöl
3. etwa 60 ml Spargelwasser
4. Salz
5. Pfeffer
6. Kräuter der Provence

Zubereitung:

1. Sauce anrühren.
2. Nudeln nach Packungsanweisung kochen.
3. Zucchino waschen, putzen und klein schneiden und zusammen mit

den Spargelspitzen, den getrockneten Tomaten und Gewürzen in der Margarine ein paar Minuten braten.
4. Sauce hinzufügen und noch mal etwa 2 Minuten garen.
5. Sobald die Nudeln fertig sind, alles miteinander vermischen und noch mal kurz erwärmen, damit die Sauce besser einziehen kann.

Penne Cipolla

Basiszutaten:

1. etwa 125 g Nudeln
2. 1 mittelgroße Schalotte
3. etwas frischer geschälter und gehackter Ingwer
4. Margarine
5. Salz

Sauce:

1. etwa 80 ml Rice Cuisine
2. ein viertel TL Meerrettichpaste Wasabiart
3. 1 EL Olivenöl
4. 1 TL Bitterorangenaufstrich
5. 1 TL Tomatenmark
6. Salz
7. Pfeffer
8. Oregano

Zubereitung:

1. Nudeln nach Packungsanweisung kochen.
2. Schalotte schälen und klein schneiden und zusammen mit dem Ingwer in der gesalzenen Margarine einige Minuten braten und dann beiseitestellen.
3. Sauce anrühren.
4. Sobald die Nudeln fertig sind, Nudelwasser abgießen und die Scha-

lottenstückchen, den Ingwer und die Sauce zur Pasta hinzufügen und alles zusammen noch mal kurz erwärmen, damit die Sauce schön einziehen kann.

Penne Spinaci

Zutaten:

1. 125 g Pennenudeln
2. etwa 100 mg TK-Rahmspinat
3. 7 getrocknete Cocktailtomaten
4. etwas frischer geschälter und gehackter Ingwer
5. Margarine
6. Olivenöl
7. Salz
8. Pfeffer
9. Kräuter der Provence
10. Oregano

Zubereitung:

1. Nudeln nach Packungsanweisung kochen.
2. Margarine in einen Topf oder eine Pfanne geben, mit den Gewürzen vermischen und den Spinat bei mittlerer Hitze auftauen lassen.
3. Tomaten hinzufügen und das Ganze ein paar Minuten garen lassen.
4. Zum Schluss das Olivenöl hinzufügen.
5. Sobald die Nudeln fertig sind, das Nudelwasser abgießen und die Pasta zusammen mit der Spinat-Tomatenmischung noch mal kurz erwärmen, damit die Sauce schön einziehen kann.

Räuchertofunudelsalat mit Ananas für 2 Personen, (vegan)

Basiszutaten:

1. etwa 125 g Pennenudeln
2. etwa 100 g Ananasstückchen aus dem Glas
3. 6 Kalamonoliven
4. etwa 200 g in Würfel geschnittener Räuchertofu
5. 6 klein geschnittene getrocknete Tomaten

Sauce:

1. etwa 100 ml Rice Cuisine
2. 1 EL Olivenöl
3. anderthalb EL Sojasauce
4. etwa 30 ml Ananassaft aus dem Glas
5. Salz
6. Kräuter der Provence
7. frischer geschälter und gehackter Ingwer

Zubereitung:

1. Nudeln nach Packungsanweisung kochen.
2. Sauce anrühren und mit den restlichen Zutaten vermischen.
3. Sobald die Nudeln fertig sind, etwas abkühlen lassen und dann die Sauce unterrühren.

Nudelsalat a l'Orange

Basiszutaten:

1. etwa 125 g Pennenudeln
2. 1 mittelgroße, gründlich geschälte und klein geschnittene, kernlose Orange
3. 9 entkernte Kalamonoliven

Sauce:

1. etwa 90 ml Sojacreme Cuisine
2. anderthalb EL Olivenöl
3. ein viertel Meerrettichpaste Wasabiart
4. 1 gehäufter TL Bitterorangenaufstrich
5. Salz
6. Liebstöckel

Zubereitung:

1. Nudeln nach Packungsanweisung kochen.
2. Sauce anrühren.
3. Sobald die Nudeln fertig sind, alle Zutaten miteinander vermischen und etwas abkühlen lassen.

Penne Pomodoro mit Sternanis

Basiszutaten:

1. etwa 125 g Pennenudeln
2. Margarine
3. Salz
4. etwas frischer, geschälter und gehackter Ingwer
5. etwa 100 g gewaschene und klein geschnittene Cherrytomaten
6. 3 klein geschnittene getrocknete Tomaten

Sauce:

1. 2 EL Rice Cuisine
2. 1 EL Tomatenmark
3. anderthalb EL Olivenöl
4. Pfeffer
5. Kräuter der Provence
6. Sternanis (erst gegen Ende der Garzeit hinzufügen und später wieder herausnehmen)

Zubereitung:

1. Nudeln nach Packungsanweisung kochen.
2. Sauce ohne Sternanis anrühren und beiseitestellen.
3. Ingwer und sämtliche Tomaten in der gesalzenen Margarine ein paar Minuten braten.

4. Sauce und Sternanis hinzufügen und alles zusammen kurz garen lassen.
5. Sternanis herausholen und, sobald die Nudeln fertig und abgegossen sind, noch mal alles zusammen (außer Sternanis) 1-2 Minuten erwärmen, damit die Sauce schön einziehen kann.

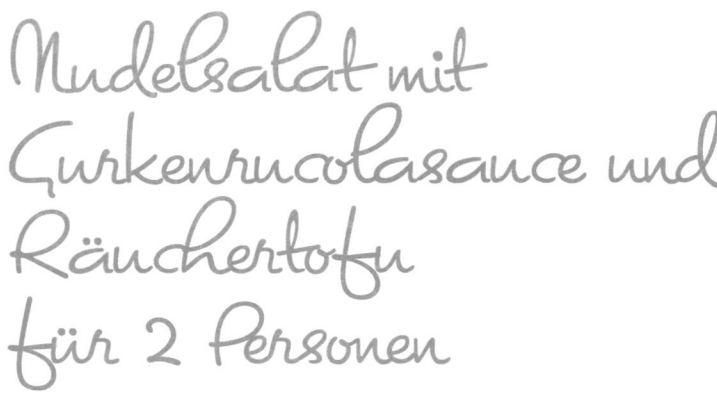

Nudelsalat mit Gurkenrucolasauce und Räuchertofu
für 2 Personen

Basiszutaten:

1. etwa 125 g Pennenudeln
2. 200 g in Würfel geschnittener Räuchertofu
3. 1 gründlich geschälte und in kleine Stückchen geschnittene kernlose Orange
4. etwas gewaschener und zerkleinerter Dill zum Bestreuen

Sauce:

1. eine mittelgroße, gewaschene und klein geschnittene Salatgurke
2. etwa 20 g gewaschener und verzehrfertiger Rucola
3. etwa 4 EL Rice Cuisine
4. 150 g Rahmjoghurt Mango-Vanille
5. 2 EL Olivenöl
6. 1 TL Meerrettichpaste Wasabiart
7. Salz
8. Pfeffer
9. Kräuter der Provence

Zubereitung:

1. Nudeln nach Packungsanweisung kochen.
2. Saucenzutaten in ein geeignetes Püriergefäß geben, pürieren und, falls nötig, noch mal nachwürzen.
3. Sobald die Nudeln fertig sind, sämtliche Zutaten miteinander vermischen und mit dem Dill bestreuen.

Reisgerichte

Reisgericht mit Zucchini, Ananas, Sojaschnetzel und Kapern
für 2 Personen

Basiszutaten

1. 1 Kochbeutel Basmatireis für 2 Personen
2. 4 EL Sojaschnetzel
3. ein viertel Gemüsebrühewürfel
4. 2 EL Sojasauce
5. etwas frischer geschälter und gehackter Ingwer
6. etwa 400 g gewaschene, geputzte und klein geschnittene Zucchini
7. etwas Margarine
8. etwas Salz

Sauce

1. etwa 60 ml Cuisine Amande
2. 2 EL Olivenöl
3. 3 EL Ananassaft (aus dem Glas)
4. zweieinhalb EL Sojasauce
5. ein halber TL Meerrettichpaste Wasabiart
6. 2 TL in Salz eingelegte Kapern (gegebenenfalls abwaschen)
7. Salz

8. Kräuter der Provence
9. Pfeffer
10. etwa 40 ml Sojaschnetzelbrühe
11. Ananasstückchen aus dem Glas

Zubereitung:
1. Reis nach Packungsanweisung kochen.
2. Sojaschnetzel in der heißen, mit der Sojasauce gewürzten Brühe 5 Minuten ziehen lassen, dann herausnehmen, abtropfen lassen und mit den Zucchini und dem Ingwer kurz braten, die Sauce anrühren, dazugeben und alles noch etwas garen lassen und den Reis hinzufügen.

Reisgericht a l'Orange mit gebratener grüner Paprika und Sojaschnetzel für 2 Personen

Basiszutaten

1. Kochbeutel Basmatireis für 2 Personen
2. 1 gewaschene, geputzte, klein geschnittene und entkernte grüne Paprika
3. 4 EL grobe Sojaschnetzel
4. ein drittel Gemüsebrühewürfel
5. etwa 300 ml Wasser
6. etwa 2 EL Orangensaft aus der Flasche
7. Salz
8. Kräuter der Provence
9. Margarine
10. 1 mittelgroße, gründlich geschälte und klein geschnittene kernlose Orange

Sauce

1. etwa 100 ml Sojacreme Cuisine
2. 2 EL Olivenöl
3. etwa 20 ml Orangensaft aus der Flasche

4. ein viertel TL scharfer Senf
5. Salz
6. Liebstöckel
7. 1 TL Bitterorangenaufstrich

Zubereitung:

1. Sojaschnetzel mit heißer Gemüsebrühe und etwas Orangensaft übergießen und etwa 5 Minuten quellen lassen.
2. Dann die Schnetzel zusammen mit den Paprikastückchen, Salz und Kräutern der Provence in der Margarine etwa 10 Minuten braten.
3. Den Reis kochen und die Sauce anrühren.
4. Sobald alles fertig ist, die Zutaten miteinander vermischen und die Orangenstückchen hinzufügen.

P. S. Ich finde, noch lauwarm schmeckt dieses Gericht am besten.

Kunterbunter Gute-Laune-Salat

Basiszutaten:

1. etwa 50 g verzehrfertige Salatmischung (Feldsalat, Frisée, Radicchio)
2. etwa 6 Stückchen Ananas aus dem Glas
3. etwa 6 gewaschene, geputzte und klein geschnittene Radieschen
4. 2 gewaschene, geputzte, in Scheiben geschnittene dunkle Pflaumen
5. 2 gewaschene Cocktailtomaten als Deko

Sauce:

1. etwa 50 ml Rice Cuisine
2. 2 EL Olivenöl
3. 1 TL Orangenlimettenmarmelade
4. ein halber TL Meerrettichpaste Wasabiart
5. etwas geriebene Orangenschale aus der Tüte
6. etwas frischer, geschälter und gehackter Ingwer
7. etwas frische, gewaschene und klein geschnittene Petersilie
8. etwa 3 frische, gewaschene und klein geschnittene Radieschenblätter (schmecken so ähnlich wie Rucola)
9. Salz
10. Pfeffer
11. rotes Paprikapulver
12. Kräuter der Provence

13. etwas Zimt
14. etwas Zitronensaft

Zubereitung:

1. Basiszutaten in eine Schüssel geben (bis auf die Tomaten).
2. Salatsauce anrühren, zu den restlichen Zutaten geben und alles miteinander vermischen.

Lauwarmer Paprika-Mangosalat

Zutaten:

1. etwa 200 g gewaschene, geputzte, entkernte und klein geschnittene Paprika
2. etwas frischer, geschälter und gehackter Ingwer
3. Salz
4. Pfeffer
5. Kräuter der Provence
6. etwas Margarine
7. anderthalb EL Olivenöl
8. 1 EL Mangofruchtsauce
9. 2 EL Mangovanillejoghurt

Zubereitung:

1. Joghurt, Mangosauce und Olivenöl miteinander verrühren, würzen und beiseitestellen.
2. Paprika zusammen mit dem Ingwer ein paar Minuten braten und zum Schluss mit der Joghurtmangosauce vermischen.

Zucchiniananassalat mit Radieschen und Räuchertofu (vegan)

Basiszutaten:

1. etwa 150 g Zucchini
2. etwa 50 g Radieschen
3. etwa 50 g Ananasstückchen aus dem Glas
4. etwa 100 g Räuchertofu

Sauce:

1. etwa 70 ml Kokosmilch
2. etwa anderthalb EL Olivenöl
3. etwa 30 ml Ananassaft (aus dem Glas)
4. 1 TL Meerrettichpaste Wasabiart
5. Salz
6. Pfeffer
7. Kräuter der Provence
8. frischer, geschälter und gehackter Ingwer

Zubereitung:

1. Sauce anrühren.
2. Räuchertofu in Quadrate schneiden und beise testellen.
3. Zucchini und Radieschen waschen, putzen. Zucchini z. B. zuerst mit einem

Sparschäler in Streifen schneiden, und wenn das nicht mehr geht, den Rest mit einem Messer in Vierecke oder Sonstiges.
4. Radieschen in Scheiben schneiden und die Blätter, falls sie schön grün sind, mit in den Salat geben.
5. Alle Zutaten miteinander vermischen und den Salat etwas ziehen lassen.

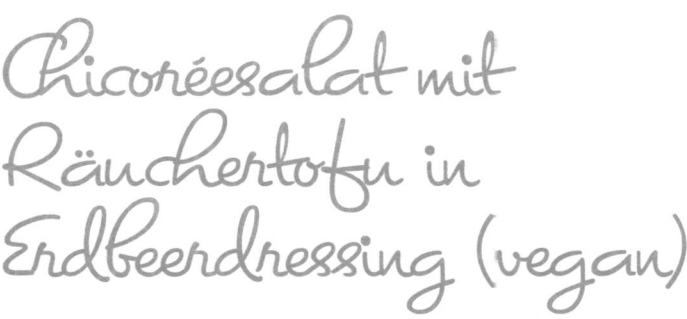

Chicoréesalat mit Räuchertofu in Erdbeerdressing (vegan)

Basiszutaten:
1. etwa 150 g gewaschener, geputzter und klein geschnittener Chicorée
2. etwa 100 g in Würfel geschnittener Räuchertofu

Sauce:
1. 2 EL Sojaghurt Erdbeere
2. 2 EL Olivenöl
3. 1 knapper TL Meerrettichpaste Wasabiart
4. etwa 10 ml Wasser
5. Salz
6. Pfeffer
7. Kräuter der Provence
8. frische, gewaschene und zerkleinerte Petersilie
9. frischer, geschälter und gehackter Ingwer

Zubereitung:
Sauce anrühren und alle Zutaten miteinander vermischen.

Tomatentraubensalat mit Kürbiskernsanddornsauce (vegan)

Basiszutaten:

1. 7 gewaschene und halbierte Kirschtomaten
2. 8 mittelgroße, gewaschene, halbierte, kernlose helle und süße Trauben
3. 3 kernlose Kalamonoliven

Sauce:

1. etwa 60 ml RiceCuisine
2. 1 TL Kürbiskernöl
3. ein viertel TL Meerrettichpaste Wasabiart
4. ein viertel Sanddornorangenfruchtaufstrich
5. frischer, geschälter und gehackter Ingwer
6. Salz
7. Pfeffer
8. Kräuter der Provence

Zubereitung:

Sauce anrühren und alle Zutaten miteinander vermischen.

Gurkenpflaumensalat in Ananassauce (vegan)

Basiszutaten:

1. etwa 100 g Salatgurke
2. 1 mittelgroße gelbe Pflaume

Sauce:

1. 40 ml Ananassaft
2. ein viertel TL mittelscharfer Senf
3. 2 EL Olivenöl
4. etwas frischer, geschälter und gehackter Ingwer
5. 2 grob gehackte Paranüsse
6. Salz
7. Pfeffer
8. Kräuter der Provence

Zubereitung:

1. Sauce anrühren.
2. Salatgurke waschen, schälen und z. B. mit dem Sparschäler in feine Streifen schneiden.
3. Pflaume waschen, putzen, entkernen und in kleine Stücke schneiden.
4. Alles miteinander vermischen.

Spargelclementinensalat (vegan) für 2 Personen

Basiszutaten:

1. 500 g gewaschener, geschälter, in kleine Stücke geschnittener und etwa 12 Minuten gekochter Spargel
2. etwa anderthalb geschälte und klein geschnittene Clementinen

Sauce:

1. etwa 100 ml Sojacreme Cuisine
2. etwa 1 TL Meerrettichpaste Wasabiart
3. 2 EL Olivenöl
4. 1 TL Orangenlimettenmarmelade
5. Salz
6. Pfeffer
7. Oregano
8. Muskatnuss
9. 1 TL Kapern (Falls sie jemand nicht mag, kann man sie auch einfach in einem Extraschälchen dazustellen, so dass jeder, der möchte, welche nehmen kann.)

Zubereitung:

Sauce anrühren und alle Zutaten miteinander vermischen.

Spargelsalat mit Feta und Orangenstückchen für 2 Personen

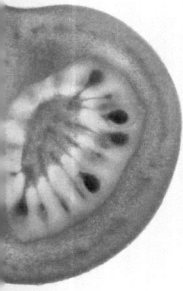

Basiszutaten:
1. etwa 500 g gewaschener, geschälter, in kleine Stücke geschnittener und etwa 12 Minuten in Salzwasser gekochter Spargel
2. 1 geschälte und in kleine Stücke geschnittene kernlose Orange
3. 10 entkernte Kalamonoliven
4. etwa 180 g in Würfel geschnittener Feta

Sauce:
1. etwa 100 ml Sojacreme Cuisine
2. ein halber TL scharfer Senf
3. 1 TL Bitterorangenaufstrich
4. 1 EL Olivenöl
5. Salz
6. Pfeffer
7. Kräuter der Provence

Zubereitung:
Sauce anrühren und alle Zutaten miteinander vermischen.

Desserts

Kokosbanane mit weißer Schokolade

Zutaten:

1. 1 geschälte und klein geschnittene Banane
2. etwas Kokosöl
3. 1 Riegel über dem Wasserbad geschmolzene weiße Schokolade
4. Kokoschips zum Dekorieren

Zubereitung:

1. Banane in dem Kokosöl kurz braten, in eine kleine Schüssel oder Ähnliches geben und dann die geschmolzene Schokolade darüber verteilen.
2. Das Ganze mit den Kokoschips dekorieren

Seidentofumatchacreme mit weißer Schokolade

Zutaten:

für 2 Personen

1. 200 g glatt gemixter Seidentofu
2. 50 g geschmolzene weiße Schokolade
3. 2 EL Holunderblütensirup
4. 2 TL Matcha

Zubereitung:

1. Matcha gründlich in den Seidentofu einrühren und dann den Holunderblütensirup dazugeben.
2. Die geschmolzene Schokolade unterheben.

Schokomatchacreme mit Erdbeernote (vegan) für 2 Personen

Zutaten:

1. 200 ml Sojacreme Cuisine
2. 1 gehäufter TL Matcha
3. 2 TL Erdbeeraufstrich
4. 1 TL Bitterorangenaufstrich
5. 50 g über dem Wasserbad geschmolzene Bitterschokolade mit 80 % Kakaoanteil

---

Zubereitung:

Sojacreme mit dem Matcha und den Fruchtaufstrichen vermischen und dann die Schokolade vorsichtig unterheben.

Tofumarzipanschokocreme für 4 Personen

Zutaten:

1. etwa 400 g Seidentofu
2. etwa 200 ml Kokosmilch
3. 4 TL Trinkkakaopulver
4. 2 Päckchen Vanillezucker
5. etwa 75 g klein geschnittene Mandelschnitte
6. etwas Zitronensaft (aus der Flasche)
7. 1 mittelgroße, geschälte und klein geschnittene Banane

Zubereitung:

Alle Zutaten z. B. mit einem Stabmixer pürieren.

Bananenpudding mit Karamellnote (vegan)

Zutaten:

1. 1 mittelgroße, geschälte und klein geschnittene Banane
2. 3 EL Rice Cuisine
3. 125 g Sojadessert Karamell
4. etwas Kardamom

Zubereitung:

1. Banane zusammen mit der Rice Cuisine zu einer cremigen Masse pürieren.
2. Danach das Sojadessert vorsichtig einrühren.
3. Zum Schluss etwas Kardamom hinzufügen.

P. S. Dieses Dessert ist schon sehr süß. Es hat aber etwas Kuscheliges.

Saucen und Schnelldesserts

Saucen

Caramelgrünteesauce (vegan)
1. 1 Becher Karamellsojadessert
2. 20-50 ml Grüntee
3. etwas Kardamom

Salatsauce mit Senf und Orangensaft (vegan)
1. etwa 20 ml Kokosmilch
2. etwa 20 ml frischer Orangensaft
3. etwa ein halber TL Senf
4. 1 EL Olivenöl
5. Salz
6. Pfeffer
7. Kräuter der Provence

Vanillesauce (für 1-2 Personen) (vegan)
1. 200 ml Sojacreme Cuisine
2. 2 TL Tahitivanillezucker

Vinaigrette Kombucha
1. etwa 50 ml Kombucha Classic
2. etwas Meerrettichpaste Wasabiart
3. 1 knapper EL Kürbiskernöl
4. etwas Honig
5. Salz
6. Pfeffer
7. Kräuter der Provence

Salatsauce mit Erdbeernote (vegan) für 2 Personen

1. 4-5 EL Rice Cuisine
2. 1 gehäufter TL Erdbeeraufstrich
3. ein halber TL scharfer Senf
4. 1 EL Olivenöl
5. Salz
6. Pfeffer
7. Liebstöckel

Salatsauce mit Quark und Kümmel für 2-3 Personen

1. etwa 125 g 20%iger Quark
2. 1 EL Olivenöl
3. etwa 30 ml Wasser
4. 1 TL Bitterorangenaufstrich
5. ein halber TL scharfer Senf
6. Pfeffer
7. Salz
8. etwas gemahlener Kümmel

Salatsauce mit Kakao und Senf

1. 3-4 EL Rice Cuisine
2. 1 EL Olivenöl
3. ein viertel Löffel Senf
4. 1 TL Kakao
5. Salz
6. Pfeffer
7. Kräuter der Provence

Schnelldesserts

Quark mit Vanillepudding und Holunderblütensirup für 2 Personen

1. 250 g Quark mit 40 % Fett
2. etwa 300 g Sahnevanillepudding
3. 2 EL Holunderblütensirup
4. etwas Kardamom
5. 1 EL Zitronensaft

Bananensalat mit Mangosauce (vegan)

1. 1 geschälte und klein geschnittene Banane
2. 2 EL Mangosauce

Vanillematchacreme

1. 150 g Vanillepudding
2. 1 TL Matcha

Carobsauerkirschcreme (vegan)

1. etwa 7 EL Rice Cuisine
2. 2 TL Carobpulver
3. 1 TL Sauerkirschaufstrich

Gute Gründe fürs Genießen

Achtsames Genießen verbessert die Lebensqualität und auch den Geschmack des Essens ganz enorm.

Achtsames Genießen hilft außerdem maßzuhalten und das wiederum führt zum Schlanksein oder zumindest zum Schlanker-Werden und last but least zum CO_2-Sparen.

Außerdem macht achtsames Genießen in der Regel so richtig gute Laune, wovon dann auch die Mitmenschen profitieren.

Also ist achtsames Genießen nicht nur lebensqualitätsverbessernd und klimafreundlich, sondern es ist auch eine ausgesprochen soziale Angelegenheit.

Die 7 Genussregeln

(s. Kleine Schule des Genießens)

Es ist wissenschaftlich erwiesen, dass bestimmte Voraussetzungen erfüllt sein müssen, damit man so etwas wie Genuss erleben kann. Man nennt diese die 7 Genussregeln, an die sich natürlich niemand strikt halten muss, die man aber als Orientierungs- und Trainingshilfe nutzen kann.

1. **Genuss braucht Zeit**
Aber nicht immer viel. Kurze Zeitspannen wie Sekunden und Minuten können durchaus für ein kleines emotionales Highlight reichen – auch beim Essen und Trinken. Ich zum Beispiel gönne mir regelmäßig eine Art Teeminute bei meinen Schwarztees, d. h. pro Tasse nehme ich mir etwa 30 bis 60 Sekunden Zeit (es darf auch mehr sein), in der ich nichts weiter tue, als meinen köstlichen Tee zu genießen. Das tut richtig gut.
Natürlich kann und sollte man sich vielleicht auch am besten täglich längere Genusszeiträume schaffen. Beispielsweise die Essenszeiten zu Genusszeiten erklären. Ich z. B. gönne mir pro Mahlzeit oder Gang etwa 3 bewusste Genussmomente (es können auch mehr sein). Das bringt schon eine Menge Wohlgefühl und zum Teil sogar regelrechte Glücksgefühle. Aber natürlich ist jeder ein Individuum und hat seine eigenen Genussvorstellungen.

2. **Genuss muss erlaubt sein**
Es ist schade, dass wir in Deutschland nicht so eine Genusskultur haben wie in Frankreich. Dort werden schon die Kinder zu kleinen Gourmets erzogen. Die Glücklichen!
Also was tun, wenn man ohne Genussprägung groß werden musste? (An dieser Stelle muss ich klarstellen, dass meine Mutter ausgezeichnet und sehr liebe- und fantasievoll gekocht hat und ich zumindest eine gewisse Gourmetahnung mitbekommen habe.) Aber man wird ja nicht nur durch sein Elternhaus geformt, sondern auch durch Schule, Jugendgruppen, Bekannte usw.

Wenn ich an die matschige Pampe zurückdenke, die es so oft in Schullandheimen und Jugendherbergen zu essen gab, schaudert's mich heute noch. Und dann die Lehrer (es gab auch nette) und Jugendleiter, die so wirkten, als stünden in unsichtbarer Schrift die Worte „Genießen strengstens verboten!" auf deren Stirn. Wandelnde Genussverbieter!

Gott sei Dank sind wir Menschen lernfähig und man kann sich von Genusskönnern (s. Liste), die dann quasi indirekt als Genusserlauber fungieren, einiges abgucken und natürlich selbst fleißig trainieren.

3. Genuss geht nicht nebenbei

Unsere Wahrnehmungskapazität ist nicht unendlich. Wirkliches Genießen braucht Achtsamkeit, d. h. eine besonders intensive Art von Aufmerksamkeit, die in der Regel zumindest für kurze Momente glücklich macht, was ich selbst inzwischen auch immer wieder erfahren habe.

Seit ich angefangen habe, mich mit dem Thema Genießen zu beschäftigen, und außerdem täglich an meiner Genussfähigkeit arbeite, ist mein Leben an großen und kleinen Glücksgefühlen wesentlich reicher geworden. Außerdem hatte ich immer wieder Momente, in denen ich das Gefühl hatte, in der Ewigkeit angekommen zu sein, Momente völliger Angstfreiheit und puren Glücks – auch beim Essen (z. B. beim Genießen köstlicher Schokolade). Das ist doch was! Eine große Belohnung für ein klein wenig Mühe.

4. Weniger ist mehr

Ich habe gerade in den letzten Jahren immer wieder die Erfahrung gemacht, dass ich wesentlich genussfähiger bin, wenn ich spontanen Gelüsten auf Schokolade, Bonbons und Ähnliches nicht nachgebe und mich stattdessen mit Vorfreude vertröste, um mich dann ein paar Stunden später in aller Ruhe Bissen für Bissen an der Süßigkeit oder was auch immer erfreuen zu können. Das sind dann richtig nette Minuten! (Übrigens kann beim Essen von Schokolade das Hören schokogerechter Musik das Vergnügen noch erheblich verstärken/s. Liste mit meinen Lieblingsschokosongs.) Die Beschränkung, die ich mir in diesem Fall auferlege, führt also zu mehr Achtsamkeit und mehr Genießerglück.

5. Genuss ist Geschmackssache

Geschmäcker sind bekanntlich verschieden, und was den einen entzückt, kann für den anderen ein Gräuel sein. Ich beispielsweise liebe Kapern und frischen Salbei, weiß aber, dass es Menschen gibt, die diese Lebensmittel verabscheuen. Andererseits bin ich kein Knoblauchfan, auch wenn ganz viele Leute darauf nicht verzichten möchten.

Sei es, wie es sei, es lohnt sich, die eigenen Vorlieben und Abneigungen zu kennen und auch die seiner Liebsten. Umso genussvoller und fröhlicher kann man dann das Leben für sich und andere gestalten.

6. Ohne Erfahrung kein Genuss

Achtsames Erleben steigert den Genuss. Diese Erfahrung habe ich in den letzten Jahren immer und immer wieder gemacht. Nicht nur beim Essen, sondern z. B. auch beim Anblick des Himmels oder auch beim Hören von Vogelgezwitscher – genießen kann man nämlich alles Mögliche und es erleichtert das Maßhalten, wenn man nicht nur bei seinen Mahlzeiten Sinnesfreuden verspürt.

Aber nun zurück zum Essen. Ich kann mich beim Essen auch wieder an der Optik erfreuen. Das intensive Rot von Erdbeeren finde ich ausgesprochen beglückend; grüne, gelbe und rote Paprika sind kleine Farbhighlights bei jeder Mahlzeit usw. usw. Und auch der Geschmack eines Lebensmittels kommt in der Regel besser rüber, wenn man achtsam und gründlich kaut.

Es lohnt sich einfach, sich immer wieder einzulassen und auch sein Genussgedächtnis zu trainieren, z. B. indem man nach dem Essen bewusst die größten Genussbringer noch mal erinnert.

7. Genuss ist alltäglich (Alltag ist Leben)

So soll es sein. Leider werden wir in unserer Gesellschaft in der Regel nicht dazu erzogen. Das Leben zu lieben, d. h. natürlich auch den Alltag mit seinen vielen liebenswerten Kleinigkeiten, wird nicht vorgelebt.

Das ist aber kein Grund zu resignieren. Wie ich es schon erwähnt habe – vieles kann man ganz banal trainieren.

Es geht noch einfacher

Tatsächlich ist es möglich, mit ganz simplen Mitteln leckere Mahlzeiten zuzubereiten.

Zum Beispiel Zucchini kurz braten und beispielsweise mit einem Rosmarinzweig aromatisieren (d. h. abgespülten Rosmarinzweig zu dem Gemüse legen und nach ein paar Minuten wieder herausnehmen). Man kann dann am Ende der Garzeit noch einige Bananenscheiben hinzufügen. Ich finde das ziemlich lecker.

Chicorée, Tomaten und Paprika finde ich sogar noch unkomplizierter, weil sie allein schon durchs Braten in der Regel einen tollen Geschmack entwickeln.

Salatgurke ist großartig zum Aufpeppen von belegten Broten und eigentlich kann man sich dann sogar Butter oder Margarine sparen.

Senf oder Meerrettichpaste Wasabiart gibt Räuchertofu einen leckeren Wurstgeschmack und man kann sie außerdem bei belegten Broten als Ersatz für Butter oder Margarine nehmen.

Übrigens habe ich mehrfach gehört und gelesen, dass Tiefkühlware häufig noch mehr Vitalstoffe enthält als Frischware, weil das Obst und Gemüse gleich nach der Ernte eingefroren wird. Meine Erfahrung ist, oft kann der Geschmack auch mit der frischen Ware zumindest fast mithalten, z. B. bei Rosenkohl und Broccoli, und ich meine, TK-Ware kann man immer wieder guten Gewissens verwenden.

Last but not least – es gibt auch superleckere Desserts, die man kaufen kann, beispielsweise Mousse au Chocolat oder auch sehr wohlschmeckende Vanillepuddings, die man mit Obst oder Fruchtaufstrich verfeinern kann. Notfalls tun es auch köstliche Pralinen, leckere Kekse, Schokolade oder Sonstiges. Ich habe so etwas jedenfalls immer im Haus.

Ich glaube, das Wichtigste ist aber, seinen ganz persönlichen Koch- und Essstil zu finden, dann hat man im Allgemeinen auch keinen Stress, weil man sich dann in der Regel in dem berühmt-berüchtigten Flow befindet. Und das tut bekanntlich so richtig gut.

Meine Lieblingsschokosongs

1. „Stormy Weather" mit Manfred Krug und Charles Brauer
2. „Saving All My Love For You" mit Whitney Houston
3. „Notre Grand Amour Est Mort" mit Carla Bruni
4. „Summerwine" mit Nancy Sinatra und Lee Hazlewood
5. „Friday's Child" mit Nancy Sinatra
6. „Non ho l'eta" mit Gigliola Cinquetti
7. „Cry Me A River" mit Manfred Krug und Charles Brauer
8. „Dream A Little Dream Of Me" mit Louis Armstrong und Ella Fitzgerald
9. „Summertime" mit Louis Armstrong und Ella Fitzgerald

Bücher, die dabei helfen, das Wohlbefinden, die Gesundheit und das Genießen zu mehren

1. „Kleine Schule des Genießens" (Eva Koppenhöfer)
2. „Mit allen Sinnen leben" (Beate Handler)
3. „Achtsamkeitstraining" (Jan Eßwein)
4. „In Balance leben" (Ulrich Bauhofer)
5. „Warum französische Frauen nicht dick werden" (Mireille Guiliano)
6. „Japanese Women Don't Get Old or Fat" (Naomi Moriyama und William Doyle)

Alphabetisches Rezeptregister

A
Gebratene Aubergine mit Tomatenmark und Olivenöl 23

B
Bananenpudding (vegan) 101

C
Chicorée in Erdbeersternanissauce (vegan) 21
Chicoréecreme mit Mangonote (vegan) 16
Chicoréesalat mit Räuchertofu in Erdbeerdressing (vegan) 90

E
Erdbeerkokossmoothie (vegan) 31
Erdbeermatchasmoothie (vegan) 27
Erdbeersmoothie (vegan) 30

G
Gurkenkartoffelsuppe (vegan) 57
Gurkenpflaumensalat in Ananassauce (vegan) 92

K
Kartoffelchicoréepüree (vegan) 20
Kokosbanane mit weißer Schokolade 97
Kunterbunter Gute-Laune-Salat (vegan) 85
Cremiger Kürbismöhreneintopf 35
Kürbismöhreneintopf mit Kokoswasser und frischem Dill 37

M
Möhren- und Erbsensuppe 51
Möhrenerdbeersuppe 46
Möhrenolivensuppe 48
Möhrenwurzelpetersiliensuppe 53
Möhrenzwiebelsuppe 55

N
Nudelsalat mit Gurkenrucolasauce und Räuchertofu 74
Nudelsalat à l'Orange 71

P

Lauwarmer Paprika-Mangosalat	87
Pastinakensuppe mit Pflaumenjoghurt	49
Penne Cipolla	67
Penne Pomodoro mit Sternanis	72
Penne Spinaci	69
Penne mit getrockneten Steinpilzen	63
Penne mit gelben Zucchini und Limettenmatchasauce	61
Penne mit Zucchini und Spargelspitzen	65

R

Räuchertofunudelsalat mit Ananas (vegan)	70
Räuchertofurührei mit Erbsen	19
Reisgericht à l'Orange mit gebratenen grünen Paprika und Sojaschnetzel	81
Reisgericht mit Zucchini, Ananas, Sojaschnetzel und Kapern	79
Gebratener Romanasalat mit Birnenspalten	22

S

Schokomatchacreme mit Erdbeernote (vegan)	99
Seidentofumatchacreme mit weißer Schokolade	98
Smoothie mit Feldsalat, Banane und Matcha (vegan)	28
Smoothie mit Grapefruitsaft und Feldsalat (vegan)	29
Spargelclementinensalat (vegan)	93
Spargelsalat mit Feta und Orangenstückchen	94
Spinatsuppe mit Matcha	41

T

Tofumarzipanschokocreme	100
Tofurührei mit Tomate	24
Tomatentraubensalat mit Kürbiskernsanddornsauce (vegan)	91

W

Wurzelpetersilienpüree mit Orangennote (vegan)	15
Wurzelpetersiliensuppe mit Vanillenote	42
Wurzelpetersilientomateneintopf	39

Z

Zucchiniananassalat mit Radieschen und Räuchertofu (vegan)	88
Zucchinichicoréecreme (vegan)	17
Zucchinicreme mit Rucola (vegan)	18
Zucchinikokossuppe mit Möhren und Sternanis	44
Zucchinipilzpfanne	25